Le Dico 2
Laurent Baffie

KERO

Du même auteur

- *Le Dictionnaire de Laurent Baffie*, Kero, 2012 ; Le Livre de Poche, 2016
- *C'est quoi ce bordel ?!*, Kero, 2013
- *500 questions que personne ne se pose*, Kero, 2014
- *Dictionnaire des noms propres (ou presque !)*, Kero, 2015
- *Mes petites annonces drôles, poétiques ou franchement limites*, Kero, 2017

Maquette : olo.éditions

Photographies : Jean-Marie Périer

ISBN : 978-2-7021-6826-4

À moi,
sans qui ce livre n'aurait jamais existé.

Préface

Depuis le succès de mon dictionnaire sorti en 2012, je n'ai pas souvenir d'avoir passé une journée sans m'être fait apostropher dans la rue par un lecteur qui me criait du trottoir d'en face : « Eh Baffie, tu le sors quand ton dico 2 ? » Ce à quoi je répondais avec la délicatesse qui me caractérise : « Quand il sera prêt, connard ! » Après sept ans de réflexion et de tamisage méticuleux des mots de la langue française, l'ouvrage est enfin prêt.

Plus dense que le 1 et, je l'espère, tout aussi drôle si ce n'est plus, ce dictionnaire ludique et décalé, qui vous aidera à supporter les transports en commun, les angoisses nocturnes et les week-ends chez les beaux-parents, finira, je le sais, dans vos toilettes.

L'idée que mon travail acharné égaie votre transit m'accable au plus haut point, car certes j'en ai chié pour l'écrire mais je suis très triste de vous imaginer dans les mêmes dispositions pour le lire.

C'est la raison pour laquelle je vous supplie de mettre ce livre sur la table basse de votre salon afin que chacun, chez vous, ait accès à la culture – mais aussi dans les bibliothèques, les écoles, les universités, les ambassades, les stations spatiales, bref, partout où il est important de faire rayonner le génie français.

Tous ensemble gagnons ce combat contre l'inculture, l'illettrisme et la grossièreté.

Vive la France.

Vive la langue française.

Et vive les grands hommes qui la défendent modestement.

Bonne lecture.

Laurent Baffie

A

A

Lettre à l'arrière
des voitures
qui roulent comme
des merdes.

Abattoir

Endroit impossible à décrire
sans atteindre le point Godwin.

Abdominaux

Tablettes de chocolat
qui avec l'âge se transforment
en pot de Nutella.

Absentéisme

Petit concours entre profs et élèves.

Acarien

Morpion pour personne de petite taille.

Accident

Événement malheureux qui peut provoquer un mort quand on crève un pneu ou une naissance quand on crève une capote.

Acide

Drogue dure dont les chats sont particulièrement friands.

(Voir les acides à minet.)

Acolyte

Copain qui ne veut pas décliner son identité.

(Voir les acolytes anonymes.)

Acouphènes

Ce dont souffrait Richard Anthony qui entendait en permanence siffler le train.

Acrostiche

Moyen fin et délicat de faire passer des messages subliminaux. **Ex :**

Sachez très chère amie
Un instant deviner
Ce qui dans mon esprit
Enivre mes pensées

Mon désir contrarié
Assiège ma volonté

Béat je reste muet
Incapable d'avouer
Tout mon trouble à l'idée
Enfin d'être embouché !

Addition

Papier qui donne envie de pisser aux radins.

Adjoint

Premier prénom
de Homer Simpson.
(Voir Adjoint Homer.)

ADN

Double hélice qui fait avancer la généalogie et reculer la criminalité.

Agapes

Repas copieux qui fout le moral en l'air si on en croit B. B. King.
(Voir agapes the blues.)

Âge

Système de calcul de la vie qui passe.

Âge de glace : âge préféré des enfants.

Moyen Âge : la quarantaine chez l'homme.

Âge légal : mesure antipédophile.

Âge limite : date de péremption.

Fleur de l'âge : période où la tige fonctionne encore bien.

Âge de pierre : on s'en fout, on sait même pas qui c'est !

Âge de bronze : période où l'homme a commencé à chier.

Âge des cavernes : invention de la gynécologie.

Agora

Ancienne place publique où les Grecs vendaient leurs pulls.

Agrume

Fruit amer aux zestes parfois déplacés.

Ail

Plante qui éloigne les pelles et attire les râteaux.

Allégorie

Traduction d'une idée simple par une métaphore alambiquée :
« À l'apéro, Robert a pété dans le jardin. »
« À l'heure où les nymphes et les Myrmidons viennent se désaltérer, Robert tel Éole a fait souffler un vent putride sur le jardin des Hespérides. »

Allégro

Temps rapide qui permet de brûler des calories.

Allergologue

Toubib qui a du travail grâce au bouleau.

All in

Vieille chanson de Christophe
qui à l'époque débutait
au poker.

Alpinisme

Ascension sportive de haute
montagne inventée dans
les Alpes (d'où le nom).
Pratiquer l'alpinisme dans
les Pyrénées est aussi illogique
que d'organiser le Paris-Dakar
en Amérique du Sud,
de donner le départ du tour
de France en Allemagne
ou de pratiquer la sodomie
dans le vagin !

Amazone

Cavalière qui peut vous livrer en moins de 24 heures.

Âme

Chose qu'on doit rendre avant de partir.

Amen

Mot religieux dont certains abusent pour se faire servir à table.

Ami

Personne qui est toujours là quand on n'a besoin de rien.

Amorale

Moutarde issue d'un commerce non équitable.

Amour

Sentiment vif qui pousse Lara Fabian à chanter très fort et Carla Bruni très doucement.

Amour-propre

Sentiment qui ne salit pas les draps.

Anachronisme

Le premier anachronisme a été observé par Socrate le jour où il découvrit que son voisin de palier n'était autre que Patrick Hernandez. Abasourdi, il tweeta immédiatement l'info.

Ancillaire

Relation qui se noue quand la bonne est trop bonne.

Ange

Petit chérubin qui a intérêt à passer très vite dans les conversations s'il ne veut pas se faire enculer.

Anis

Plante aromatique qui à une lettre près changerait totalement le goût du pastis.

Anonymat

Ce dont rêvent les stars qui rêvaient de célébrité.

Antimoine

Élément chimique que les enfants de chœur associent à de la poudre à récurer.

Antiquaire

Marchand efféminé qui passe sa journée à dénigrer la capitale égyptienne.

Antisèche

Lubrifiant pour tricheuse.

Antiseptique

Médicament pour les crises de foi.

Anus

Petite porte du fion.

Apartheid

Régime scandaleux de ségrégation entre les Blancs et les Noirs encore appliqué aujourd'hui sur les échiquiers et les jeux de dames.

Apiculteur

Paysan heureux qui fait son beurre avec du miel.

Apnéiste

Petit malin qui peut atteindre l'ivresse sans bouteille.

Araignée

Grande cinéphile qui ne perd pas le fil quand elle se paye une toile.

Arbre

Végétal dont les graines réservent des surprises quand il est généalogique.

Ardoise

Roche que l'on a au-dessus de la tête à la maison, devant les yeux à l'école, et sous le nez au bistrot.

Argot

Vocabulaire vulgaire que l'on interdit à nos enfants et qui finit dans le dictionnaire.

Aubade

Concert que les messieurs donnent aux femmes qui ont du monde au balcon.

Aubergine

Sex-toy de nos grands-mères qui savaient donner du goût à la ratatouille.

Audimat

Mesure du nombre de personnes irradiées par la connerie.

Aussi

Adverbe qui a pourri la vie de plusieurs générations de Félicie.

Auto-école

Établissement d'où on est libéré pour bonne conduite.

Autopsie

Examen totalement indolore sauf pour les sujets qui se réveillent pendant.

Auto-stop

Pratique de transport qui marche beaucoup moins bien quand on tend le majeur.

Avalanche

Déluge parfois provoqué
par des luges.
Gros glissement de neige
qui peut tout défoncer
sur son passage car elle
se fait en coulée.

Aviron

Barque approximative.

Avocat

Fruit du barreau.

Aye-aye

Primate très douillet.

B

Babyfoot

Terrain de foot où l'exclusion d'un joueur nécessite un tournevis et une pince crocodile.

Bacchanales

Orgie pendant laquelle les jeunes bacheliers se font sodomiser.

Backroom

Arrière-salle pour arrières propres.

Badiner

Prendre les choses à la légère quitte à oublier de manger.

Ex : « Tu as faim ? »

« Oui, j'ai badiné. »

Ballon

Truc qu'il ne faut pas boire si on doit souffler dedans après.

Baragouin

Mot trompeur qui ne désigne pas le masculin d'un café lesbien.

Bar-mitsva

Cérémonie pendant laquelle un petit ado casse-couilles devient un homme du jour au lendemain.

Baromètre

Objet à ne surtout pas confondre avec le thermomètre si on a l'anus sensible.

Baroque

Musique des années 60 pour
les personnes de petite taille.

Barrage

Édifice spectaculaire qui fait
preuve de retenue.

Barreau

Objet singulier pour les avocats
et pluriel pour les détenus.

Bas de laine

Vêtement où le peuple cachait
autrefois son argent.
(Pour les plus riches,
voir les bas de laine à bosse.)

Basketball

Sport où on peut mettre la main au panier sans passer pour un porc.

Bataille

C'est mon fils !

Beatniks

Suite logique.

Beaux-parents

Personnes dont on souhaite la mort mais chez qui on va déjeuner tous les dimanches.

Bégaiement

Équivalent oral du trouble de la prostate.

Bénin

Pays sans conséquence.

Bénitier

Gros coquillage marin qui n'avait pas du tout prévu d'accueillir des grenouilles.

Bestiaire

Endroit où les animaux déposent leur fourrure avant d'aller danser.

Bestiaux

Animaux dont l'élevage, le transport et l'abattage souvent indignes ne sont pour certains qu'un point de bétail.

Bibliothécaire

Personne qui passe sa journée à dire « chut ! ».

Bibliothèque

Endroit où l'on cherche le rayon pour trouver le volume.

Bicorne

Chapeau pour cocu.

Biffle

Pratique qui incite les catholiques à tendre l'autre joue.

Big-bang

Théorie selon laquelle l'origine de l'Univers proviendrait d'une énorme explosion alors qu'il s'agirait plus probablement d'un pet foireux de quelqu'un de très haut placé.

Bikini

Maillot de bain radioactif.

Bilboquet

Jeu sexuel qui consiste pour un homme à s'allonger sur le dos avec une forte érection et à projeter en l'air sa partenaire roulée en boule. Attention cette pratique n'est pas sans danger.

Bisser

Chose que même les femmes peuvent faire debout.

Bite

Gouvernail.

Blague

Histoire censée déclencher le rire.

Ex : Tu connais la différence entre un coucher de soleil sur l'océan Indien et le slip d'un petit vieux qui a la chiasse et des hémorroïdes ?

Nota : L'auteur du livre ayant égaré la chute de cette blague désopilante, il vous laisse quelques lignes vierges afin que vous inventiez la vôtre :

____

____

____

Blonde

Femme que tout le monde
prend pour une conne
et qui n'est que bête.

Bloody Mary

Cocktail dans lequel il n'est pas
de très bon goût d'ajouter un
tampon en déco.

Bobo

Gauchiste friqué
qui téléphone à sa mère
à la moindre égratignure.

Bois

Pour les enfants, terrain couvert d'arbres dans lequel on peut se promener tant que le loup n'y est pas. Pour les adultes, petite forêt où les mecs vont se faire sucer par d'autres mecs.

Synonyme : pinède.

Bonheur

Quête de béatitude qui fait réfléchir les plus grands penseurs.

« C'est quand le bonheur ? »
(Cali)

« Il est où le bonheur ? »
(Christophe Maé)

« C'est quoi le bonheur ? »
(Joyce Jonathan)

« Pour moi, le bonheur c'est le contraire du malheur. »
(Mireille Mathieu)

Le bonheur te fait peur,
Tu crois que c'est un leurre ?
Sèche tes larmes petite sœur,
Tourne-toi passe-moi l'beurre.
(Poème des Hauts-de-France)

Borgne

Personne qui ne peut plus envisager la vie d'un œil différent.
(Voir borgne to be alive.)

Botte

Chaussure montante qui peut être fourrée quand on la propose à une femme.

Bottin

Annuaire de peau lisse.

Boucher

Bidochon débiteur
de bidoche.

Boudoir

Salon où l'on peut sortir
son biscuit.

Bouffi

Personne gonflée de vanité
et d'orgueil surtout lorsqu'elle
se prénomme Laurent.

Bouffon

Valet de chambre.

Bouliste

Homme qui a envie de tirer les femmes qui pointent.

Bourgeois

Personne établie qui fait des mimiques très drôles quand sa fille lui annonce qu'elle veut épouser un réfugié tanzanien.

Bourrée

Danse folklorique pratiquée par les femmes qui ont deux grammes.

Bousier

Insecte qui cherche la merde.

Boussole

Conseillère d'orientation.

Boxe

Sport et les gants.

Bracelet

Bijou qu'on peut voler au risque d'en avoir un électronique.

Brandade

Singulier de morue.
Ex : une brandade deux morues.

Break

Voiture familiale qui bizarrement conduit au divorce quand le couple veut créer son propre modèle.
Ex : « Chérie, il faut qu'on fasse un break. »

Bref

Petit mot très pratique pour abréger une conversation.

Ex : « Ah ! Chérie, j'ai oublié de te dire, y a pas de pain parce que, sur le chemin de la boulangerie, figure-toi que je suis tombé sur Nicole Popincourt… Mais si, tu sais bien, je t'en avais parlé, c'est elle qui m'a dépucelé en 73. Alors du coup on a pris un verre, figure-toi qu'elle est veuve avec trois enfants et qu'elle habite à deux rues d'ici. Incroyable, non ?
Bien sûr, on s'est remémoré le bon vieux temps et comme ça nous a émoustillés on est allés tirer un petit coup dans les toilettes.
Tout ça pour te dire que, quand je suis sorti du café, la boulangerie venait juste de fermer, du coup y'a pas de pain.
Bref ! Je te quitte. »

Bridé

Pluriel de humour.

Ex : un humour des bridés.

Bruit

Le proverbe qui dit que le bruit ne fait pas de bien et que le bien ne fait pas de bruit est faux. Demandez à un mec qui claque le cul d'une pute après un concert d'Aerosmith.

C

Cacaoyer
Arbre à ne pas confondre avec le cri des petits enfants aux toilettes.

Cagibi
Petit local de service de renseignement russo-tunisien.

Caille
Oiseau sans chauffage.

Cairotes

Habitantes du Caire qui se déplacent exclusivement en groupe de neuf, d'où l'expression « Merde, les cairotes sont que huit ! »

Caissière

Femme que l'on ne connaît pas et devant laquelle on décharge très vite.

Calembredaine

Sorte de fadaise
amphigourique entre
la billevesée et la coquecigrue,
à ne pas confondre avec
le galimatias.

Callipyge

Statue dont on a envie
de polir le marbre avec sa main.

Calypso

Danse préférée du
commandant Cousteau.

Camée

Bijou très accroché.

Camembert

Témoin d'une époque où l'on pouvait balancer la louche sans se prendre un procès.

Camping

Espace des tentes.

Canari

Oiseau très serein.

Cancérologue

Pêcheur de crabes.

Cape

Manteau ample qui permet de péter tranquille. (Voir les films de cape et des pets.)

Capotier

Collection de capotes séchées conservées dans un album afin de pouvoir se remémorer toutes les filles qu'on a séduites dans sa jeunesse.

Caracoler

Mannequin qui défile avec un chemisier immonde.

Carte bleue

Clé à pipe.

Cascadeur

Inconscient qui prend tous les risques pour doubler un connard qui prend tout l'argent.

Cayenne

Voiture dont le prix est très salé.

Célibataire

Homme qui a repris sa sexualité en main.

Femme qui a toujours des piles neuves sur sa table de nuit.

Centenaire

Vieillard cacochyme qui n'entend plus, qui voit très mal, qui ne bande plus et qui se pisse dessus mais qui continue à s'accrocher à sa vie de merde.

Cha-cha-cha

Danse beaucoup plus drôle quand elle est associée à bite-bite-bite !

Chalut

Ce que se disent les marins pêcheurs le matin.

Champagne

Vin fin et pétillant qui mérite mieux comme introduction que « Robert fait péter la roteuse ! ».

Chasteté

Comportement d'une personne qui a fait ceinture sur le sexe.

Chaussette

Slip du pied.

Chiche

Mot responsable de milliers de morts.

Chirurgien

Docteur beaucoup moins ouvert que ses patients.

Chiwawa

Petit chien qui, comme son nom l'indique, passe son temps à chier et à aboyer.

Ciboulette

Plante préférée des dealers.

Cigarette

Petite roulure qui met le paquet pour vous enfumer.

Cigogne

Uber Eats des ogres.

Cimetière

Lieu où il est fortement déconseillé de promener son chien.

Citerne

Réservoir tiré par des routiers dépressifs.

Ex : « Mais Roger, pourquoi es-tu si terne ? »

Colombophile

Fan de la série qui peut se taper les 69 épisodes à la suite.

Compas
Instrument
pas con.

Comploteur
Victime de Balance ton porc.

Composter
Donner ses ordures
au facteur.

Concasseur
Mauvais manifestant.

Concerto

Serveur stupide et matinal.

Concierge

Gardienne d'immeuble qui vole ses sex-toys à l'église.

Concubin

Connard qui a pris le cigare.

Concupiscent

Mec qui veut tout faire à la fois.

Conducteur

Personne qui conduit une auto, un bus, ou l'électricité.

Ex : Cloclo était un bon conducteur.

Confessionnal

Cabane de pécheur.

Consacrer

Donner tout son temps à quelques-uns.

Ex : « J'ai tout consacré à un sacré con. »

Consentant
Personne qui accepte le manque d'hygiène de sa partenaire.

Contorsionniste
Colon très souple.

Contracté
Adepte du ski nautique.

Contraire

Jusqu'à preuve du contraire, deux êtres incompatibles et radicalement opposés ne peuvent s'harmoniser à moins que leur antinomie ne les pousse par un esprit de contradiction à se mettre ensemble et à s'accoupler comme des bêtes. On peut donc dire dans ce cas que les contraires se tirent.

Converge

Mot hermaphrodite.

Coprophage

Mec qui prend son petit déj' le matin la tête dans le cul.

Coupé

Voiture juive.

Couple

Réunion de deux célibataires qui font tout pour le redevenir.

Couvent

Refuge pour vieilles chattes.

Crachat

Fine de glaire.

Crémation

Cérémonie funéraire pendant laquelle on chante du Johnny.

Crête

Singulier de coq.

Ex : une crête deux coqs.

Croisière

Voyage pour vieux sur un gros bateau qui sent la pisse.

CRS

Policier qui a plus de gaz que les autres.

Cuivres

Instruments de musique les plus volés dans les orchestres roumains.

Curling

Sorte de pétanque sur glace pour femmes de ménage.

Cymbale

Instrument pas cher.

D

Dalaï-lama

Chef spirituel tibétain qui crache à la gueule des gens qui le contredisent.

Daltonien

Mec qui grille les feux en toute bonne foi.

Dauphin

Animal moins chou quand il s'échoue.

Défenestrer

Aider quelqu'un à prendre une décision difficile.

Demain

Mot qui s'écrira hier dans deux jours.

Déménageur

Armoire qui porte un piano.

Demi-ton

Bière et boudin.

Dératiseur
Type qui fait mal son travail de peur de ne plus en avoir.

Détracteurs
Mauvaises langues rurales.

Dictateur
Despote mal éclairé.

Diététicien
Escroc qui prend 120 € aux gros pour leur expliquer qu'il faut manger moins et bouger plus.

Digicode

Truc censé nous protéger des intrus et qu'on donne à tout le monde.

Dilemme

Choix cornélien.

Ex : Qui était là en premier ?
L'œuf ou la poule ?
Le tracteur ou le crédit ?
La pute ou le client ?

Dindon

Grosse volaille dont le bec peut nous dégoûter des milfs.

Discrétion

Mot inconnu chez les Juifs séfarades.

Discrimination (positive)

Oxymore qui part d'un bon sentiment mais qui ouvre la porte au racisme convivial et à l'apartheid constructif.

Distillateur

Fabricant d'alcool aux propos alambiqués.

Divan

Petit canapé sur lequel il est difficile de s'allonger sans évoquer sa mère.

Djellaba

Vêtement pas idéal pour un jeune qui voudrait entrer en boîte.

Docker

Chien aux grandes oreilles dressé pour décharger les navires.

Dogmatique

Chien qui aboie de façon catégorique et péremptoire.

Don Quichiotte

Noble espagnol très à cheval sur la propreté des toilettes.

Doryphore

Insecte qui a la patate.

Dosette

Dose misérable.

Doublon

Faute d'inattention qui consiste à imprimer deux fois le même texte.

Doublon

Faute d'inattention qui consiste à imprimer deux fois le même texte.

Doudou

Somnifère pour enfant.

Drag-queen

Personne qui peine à accéder au métier de clerc de notaire ou d'expert-comptable.

Drague

Technique d'approche qui a poussé des millions de personnes au tabagisme juste pour pouvoir demander du feu.

Drain

Petit tube souple que les médecins rechignent à poser le jour. (Voir les drains de nuit.)

Drogue

Substance qui nous fait planer au début et partir en vrille à la fin.

E

Ébranler

Troisième devise des masseuses après huiler et masser.

Échafaud

Estrade qu'on ne monte qu'une fois.

Échiquier

Seul endroit où un cheval peut sauter une reine sans que cela ne choque personne.

École

Sorte de cassoulet où l'on met les fayots devant et les grandes saucisses derrière.

Écologie

Mouvement des hommes qui consiste à protéger la planète qui se protégera très bien toute seule dès qu'il n'y aura plus d'hommes.

Écrivain

Auteur qui, tant qu'il n'est pas publié, a rédigé un écrit vain.

Ecstasy

Ancien flic de la RDA reconverti dans la bandaison.

Éléphant

Animal dont le nez me rappelle ma bite.

Embrun

Pluie fine qui persiste le temps du crédit.

Embryon

Petit fœtus qui doit serrer les fesses pendant trois mois.

Émeu

Oiseau qui vous tire les larmes.

Émoi

Inquiétude due à la surpopulation chinoise.
Ex : « 1 500 000 000 de Chinois, émoi émoi émoi ! »

Enchaîné

Personne qui a du mal à se désabonner de Canal +.

Enchères

Vente qui peut coûter un bras à celui qui le lève.

Encorner

Accident de glace.

Encyclique

Lettre du pape aux évêques que l'on peut consulter facilement sur Internet grâce à un nombre de manœuvres prédéfinies.

Enfance

Période où l'on a la vie devant soi et les parents derrière.

Enfin

Mot que prononce le mec quand la fille accepte de coucher avec lui.
Mot que prononce la fille quand le mec a fini.

Entrechat

Saut de petit rat.

Épicurien

Personne à la recherche de tous les plaisirs de la vie, sauf le sexe.

Ex : La bouffe oui, le luxe oui, les voyages oui, les fringues oui, et pis cul rien !

Épitaphe

Phrase qui vous fera passer pour un con pour l'éternité si vous la ratez.

Ex : Ci-gît Raph.

Érection

Phénomène qui transforme une quéquette en bite.

Esclaves
Premières personnes pour qui la multiplication des chaînes a été le bouquet !

Espion
Taupe secrète.

Essaim
Groupe d'abeilles qu'il est déconseillé de caresser.

Estafette
Militaire chargé de surveiller le calendrier.
(Voir l'holorime : « Est-ce ta fête, estafette ? »)

Étain

Métal que l'on travaille
dans l'obscurité.

Étau

Outil à l'origine
de l'effet de serre.

Eunuque

Vrai inventeur du slogan
« Lapeyre, y en a pas deux ».

Évêché

Siège de l'évêque souvent
disposé au fond à gauche.

Éventail

Clim portative.

Ex

Homme qui est entré dans votre vagin et qui vous sort par les yeux.

Exhibisionniste

Colon qui a la braguette ouverte.

Exorciste

Prêtre à la soutane couverte de vomi dont la mère suce des bites en enfer.

F

Fantôme

Mec qui peut enfin se payer une vie de château.

Fast-food

Restaurant où ce que l'on mange a déjà été mangé.

Félins

Mammifères carnivores dont les principales espèces vivent grâce à des contrats publicitaires.
(Voir Jaguar, Puma, Le Chat, Lion…)

Figurant

Acteur qui à défaut de crever l'écran crève de faim. (Ça sent le vécu.)

Finesse

Ce dont un homme doit faire preuve s'il veut vite bouffer le cul de la fille.

Fisté

Incroyable coïncidence ou clin d'œil divin, le premier homme au monde à s'être fait fister s'appelait Niels Armstrong et cela s'est passé le 21 juillet 1969. Chacun se souvient de ses paroles historiques au moment du passage du membre : « C'est un petit bras pour l'homme, mais un fion de géant pour l'humanité. »

Fist-fucking

Juste une mise au poing.

Fondue

Folle dans laquelle
on peut tremper
des morceaux de pain.

Football

Sport dont le but
est d'en mettre.

Footballeurs

Joueurs qui entre deux matchs
fréquentent des filles qui font
des passes.

Formidable

Mot que les bègues ne peuvent
pas prononcer sans faire
chanter du Aznavour aux
autres.

Fourmilière

Habitation commune qui peut abriter jusqu'à dix millions d'individus, ce qui donne une vague idée du bordel pendant les réunions de copropriété.

Fourreur

Métier dont on veut la peau.

Frites

Garniture de piscine.

Fromage (ou dessert)

Choix cornélien entre deux mots qu'il ne faut surtout pas confondre.

Ex : « Jean-Pierre, ton comportement te fromage ! »

Frotti
Examen ou les lèvres dépassent le maître.

Fugue
Escapade enfantine suivie d'un come-Bach.

Funambule
Déséquilibré dont la vie ne tient qu'à un fil.

Furoncle
Mot inventé par la nièce de Hitler.

G

Gaffe

Impair, rouge
et passe.

Galaxie

Immense amas d'étoiles comme la Voie lactée qui englobe notre Système solaire, mais dont le capitaine Flam ne fait pas partie car il est du fond de la nuit, ce qui ne l'empêche pas de venir d'aussi loin que l'infini afin de sauver tous les hommes.

Galérien

Esclave qui le soir pour se détendre après une journée harassante faisait un peu de rameur.

Gang-bang

Pratique pornographique dont l'héroïne est une fille qui a les yeux plus gros que le bas-ventre.

Garde-barrière

Employé pas sage qui n'a pas le niveau.

Gare

Meilleur endroit pour rater son train.

Gâteau

Pâtisserie qui fait grossir quand on ajoute du sucre et vieillir quand on ajoute des bougies.

Gazon

Pelouse située près des trous.

Gendarme

Sorte de punaise qui se nourrit de points.

Génie

Djinn tonique.

Gériatre

Docteur qui doit se présenter à ses patients toutes les deux minutes.

Gibbon

Singe vantard dont on vient de corriger la copie.

Gigolo

Chasseur de cougar.

Girafe

Animal interdit aux zoophiles qui ont le vertige.

Gland

Nœud coulant.

Golf

Sport où on peut voir des gens très chics putter en public.

Grimace

Contorsion de la figure que les comiques font pour nous faire rire, sauf les greffés du visage qui eux n'ont pas le choix.

Gué

Endroit de la rivière qui prouve qu'on peut être au milieu du gué sans forcément être homosexuel.

Guerre

Conflit qui peut durer entre cent ans et six jours.
Rappelons pour info que la guerre c'est moche.
(Voir guerre si vile.)

Guillotine

Ancêtre
du basket-ball.

Guitare

Instrument de
grattage qui nous
aide au tirage.

Gynécologue

Ventriloque raté qui fait
parler les femmes en bougeant
les lèvres.

H

Hakouna

Mot zoulou qui permet de saluer sa tante avec respect : « Hakouna ma tata ! »

Halloween

Fête pendant laquelle les enfants sonnent chez les pédophiles.

Halo

Lumière diffuse qui entoure les téléphones.

Haltères

Pluriel de bière.

Ex : une bière des haltères.

Haltérophilie

Sport qui fait prendre du poids.

Hameçon

Piercing du poisson.

Hasard

Si le hasard fait bien les choses, pourquoi ce frelon m'a piqué le gland juste le jour où j'allais draguer sur une plage naturiste ?

Hérisson

Fruit de l'amour entre un rat et un oursin.

Hermaphrodite

Personne qui n'a pas besoin de se promettre le mariage pour se baiser.

Hibou

Rapace dressé pour surveiller le lait sur le feu.

Hippocampe

Cheval au crottin très iodé.

Hirondelle

Oiseau très dépensier qui, pendant les soldes, fait tous les grands magasins sauf le printemps.

Homélie

Messe pour les jeunes chevaux. (Voir homélie Poulain.)

Homophobe

Enculé qui s'ignore.

Homoplate
Lesbienne sans poitrine.

Hooligan
Mec au dernier stade
de la connerie.

Hospice
Bac à légumes.

Houmous
Branche du Hamas qui réduit ses ennemis en purée de pois chiches.

Hourra
Cri de victoire souvent précédé de « une p’tite pipe ».

Humour

Forme d'esprit qui s'appuie sur la drôlerie et l'absurde pour dénoncer le désespoir de l'humanité face au néant qui l'attend sans aucune garantie de l'existence d'un Dieu quelconque ni du moindre espoir de la pérennité de son âme. Du coup, quand quelqu'un pète, ça fait rigoler tout le monde.

Hyène

Charognard qui sert de monnaie d'échange au Japon.

Hypnose

Vos paupières sont lourdes et doucement vous sentez que je prends le contrôle de votre cerveau. Vous allez refermer ce livre, vous déshabiller, ouvrir la fenêtre et hurler très fort : « J'encule tout le quartier ! » Après ça, vous oublierez tout mais à chaque fois que quelqu'un vous giflera dans la rue, vous renouvellerez l'opération.

I

Ibis

Oiseau bon public.

Iceberg

Gros bloc de glace qui fait des beaux films.

Impasse

Cul-de-sac dans lequel on s'engage parfois en toute connaissance de cause.

Impiété

Crise de foi.

Impuissant

Homme qu'on a
jadis décrit
en deux mots.

Inceste

Tel père tel orifice.
(Voir Papaouté.)

Incipit

Première phrase d'un livre qui peut inspirer un commentaire. **Ex :**

« **Longtemps, je me suis couché de bonne heure.** » (Marcel Proust, *À la recherche du temps perdu*)
– « Eh ben couche-toi plus tard et nous casse pas les couilles ! »

« **Aujourd'hui, maman est morte.** » (Albert Camus, *L'Étranger*)
– « Rien à foutre, je la connaissais même pas ! »

« **La première fois qu'Aurélien vit Bérénice, il la trouva franchement laide.** » (Louis Aragon, *Aurélien*)
– « Et la deuxième fois, il l'a baisée. Ça va, on a compris l'histoire ! »

Contraire → excipit
Dernières lignes d'un récit.
Ex : N'ayant jamais pu finir un livre, l'auteur est dans l'incapacité de fournir le moindre exemple. Désolé.

Incompétent
Crétin flatulent.

Infini
Truc auquel on ferait bien de mettre des limites.

Infirmière
Fantasme des hommes qui n'ont pas encore été aux urgences avec une thrombose hémorroïdaire.

Inséparables
Oiseaux qu'on ne voit jamais dans les clubs échangistes.

Intellectuel

Genre de mec à ne pas assumer de se prénommer Manuel.

Intestin

Petite route de montagne qui relie l'estomac à l'anus en moins de quatre heures s'il n'y a pas de bouchons.

Intrinsèque

TGV protégé par une housse.

Ivoirien

Acheteur potentiel d'un labrador.

J

Jardin public

Parc à t'aime.

Journaliste

Personne qui s'informe en lisant ses confrères.

Judas

Trou dans la porte dont le prix est de trente deniers.

Juge
Magistrat vicieux.
(Voir juge inique.)

Juke-box
Cimetière pour
yéyé.

Jumeaux
Enfants de parents
qui ont tout en
double.

K

Kabbale

Interprétation ésotérique de la Bible écrite outre-Atlantique. (Voir ma kabbale au Canada.)

Kamikaze

Soldat qui ne peut pas se vanter de ses exploits.

Kangourou

Croisement entre un vide-poche et un trampoline.

Karma
Destinée bonne ou mauvaise selon qu'on a été un ange ou un fils de pute dans une vie antérieure.

Kiwi
Oiseau riche en vitamine C.

Klaxon
Avertisseur sonore censé signaler un danger mais qui n'empêche pas les gens d'aller se marier.

L

Labour

Travail agricole pour lequel les paysans ne sont jamais à l'heure.

Lance-roquettes

Arme ridicule qui projette des salades sur l'ennemi.

Langue

Organe du goût et de la parole qui n'a absolument rien à faire dans la chatte de Vanessa ou l'anus de Kevin qui sont deux nids à bactéries.

Lapsus

Erreur de langage qui peut avoir des conséquences terribles face auxquelles, par solidarité, on devrait tous se serrer les couilles.

Latin

Langue morte rarement utilisée dans les films porno sauf dans les scènes de cunnilingus.

Latrines

Toilettes sommaires répandues dans toute l'Amérique du Sud. (Voir l'Amérique latrine.)

Lauriers
César salade.

Laverie
Long fleuve tranquille.

Laxatif
Produit qui permet aux selles de courir plus vite que les chevaux.

LBD
Arme de police qui coûte un œil.

Lego

Jeu de construction de soi.

Lesbienne

Femme au goût doux.

Levrette

Position sexuelle qui permet à un couple de suivre le même programme télévisé.

Lézard

Petit reptile aux nombreuses espèces.

Ex : Lézard plastique (très créatif).

Lézard martiaux (très agressif).

Lézard majeur (qu'on peut se taper sans être inquiété par la justice).

Libertinage

Pratique qui permet d'enculer votre banquière sans qu'elle ne clôture votre compte.

Limace

Escargot sans domicile fixe*.

* Voir Escargot dans le Dico 1.

Limande

Poisson qu'on peut glisser sous la porte en cas d'absence.

Lotus

Position qui nettoie la tête et le cul.

Loufoque

Mammifère qui se fait souvent exclure de la meute pour son comportement maniéré.

Luciférien

Adjectif qui dénonce cette diablesse de feignasse qui refuse de bouger son cul.

Ex : Sandrine épluche les légumes, Sophie fait la cuisine, Isabelle met la table et Lucie fait rien.

Luciole

Étoile filante du pauvre.

Lurée

Pluriel de fille.

Ex : une fille des lurées.

M

Macho

Pauvre type qu'on emmerde sous prétexte qu'il déteste débarrasser la table.

Mafia

Pieuvre qui fait couler beaucoup d'encre.

Magnum

Grosse bouteille à moustache.

Magogue

Pluriel de politicien.

Ex : un politicien des magogues.

Main

Meilleure amie
de la bite.

Maison

Envie de toit.

Malus

Pire ennemi de Ben-Hur.

Mamelon

Bout de sein chez la femme
qui abreuve les hommes.
Ex : « La mamelon vient nous
servir à boire ! »

Manifestant

Contestataire qui tient le haut du pavé.

Manucure

Personne qui connaît son métier sur le bout des doigts.

Marabout

Oiseau qui se nourrit de bouts de ficelle.

Marat

Premier de Corday.

Marbre

Roche dure que les riches mettent dans leur résidence principale et leur dernière demeure.

Marteau

Outil très efficace tant qu'il n'est pas associé à une faucille.

Masochiste

Personne qui en pince pour une autre qui la pince.

Matamore

Fanfaron qui passe sa vie sur les plages naturistes.

Mathusalem

Grosse bouteille hors d'âge.

Matière

Les trois états
de la matière sont :
le solide,
le liquide,
le gazeux.
Cette loi universelle
se retrouve
également
dans votre slip.

Méduse

Animal gélatineux qui prolifère en mer. Voir l'année des méduses (à ne surtout pas confondre avec l'anus d'Amédée, moins urticant mais tout aussi dangereux).

Mégot

Injonction de parachutiste qui a un trouillard devant lui.

Métamorphose

Envie de Kafka.

Milanaise

Pute reconvertie dans la restauration. (Voir la salope milanaise.)

Mi-lourd

Comique à moitié drôle.

Mime

Pauvre ringard maquillé en blanc qui tente désespérément de nous faire croire qu'il est coincé derrière une vitre.

Minerve

Déesse des mauvais cous. Fille de Coccyx et de Torticolis.

Minimum

Chose avec laquelle les pauvres doivent vivre.

Minivague

Permanente pour surfeur débutant.

Miroir

Glace au parfum parfois aigre. Objet qui vieillit mal et qui réfléchit à tort et à travers.

Misérables

Pauvres mal habillés très bien décrits quand Hugo bosse.

Missel

Livre de messe à partir duquel on peut faire du beurre. (Voir le beurre de missel.)

Moderato

Revue qui parle de vêtements et de jardinage.

Modestie

Vertu qui consiste à minimiser ses qualités, ce que personnellement j'ai fait toute ma vie alors que, vu mon intelligence, ma drôlerie et mon sens de la repartie, j'aurais pu me la péter grave.

Momie

Très vieille grand-mère qui ne fait plus bander personne.

Mondain
Homme qui biche.

Monoplace
Adjectif qualifiant une actrice X qui refuse la double péné.

Monozygotes
Se dit de jumeaux dont l'un bouge énormément dans le ventre de la mère.

Montgolfière
Grosse prétentieuse des steppes qui adore lâcher des gaz avant de s'envoyer en l'air.

Morpion

Animal appelé à disparaître à cause de la déforestation.

Morse

Animal qui met un point d'honneur à tirer un trait.

Mort

Obsolescence programmée pour renouveler le parc humain.

Morue

Poisson des criées.

Mouche

Bière portugaise.

Mouchoir

Petite étoffe blanche au départ et verte à l'arrivée.

Mouette

Oiseau partageur qui n'hésite pas à faire mouette-mouette quand il s'accouple.

Moule

Mollusque dont l'aspect et l'odeur ressemblent étrangement à [redacted]

(l'auteur s'excuse pour cette tache d'encre qui permet toutefois aux lecteurs de faire l'économie d'une blague lourdingue).

Moustique

Insecte qui se la pète parce qu'il croit qu'on l'applaudit.

Musée

Endroit où sont exposés des tableaux dont personne ne voulait au départ.

Mycose

Champignon qui fait des salades quand on le ramène à la maison.

Mystiques

Personnes contre lesquelles il n'existe malheureusement pas de répulsif.

Mythologie

Vieilles légendes des maisons détruites par la naphtaline.

Mytiliculteur

Éleveur de moules et par extension toute personne ayant plus de trois filles.

N

Nadir

Chanteur au plus bas qui ne fera jamais le zénith.

Narine

Trou de nez dans lequel les automobilistes fouillent au feu rouge, d'où l'expression « Engagez-vous dans la narine ».

Narrer

Raconter des histoires graveleuses.

Ex : Narrer du cul.

Néanmoins
Expression préférée de Michael Jackson.

Nécrophile
Violeur qui a peur des procès.

Négociant
Arménien qui a changé de nom.

Nénuphar
Plante qui a rapporté beaucoup de monnaie à Monet.

Nitroglycérine
Liquide qu'il ne faut surtout pas transporter quand on a le hoquet.

Niveau
Outil qui coince la bulle toute la journée.

Non-sens
Phrase absconse dont le propos nous renvoie au postulat de départ sans en altérer le point de vue objectif contrairement à son inverse.

Nuancier

Objet qui nous en fait voir de toutes les couleurs.

Nyctalope

Mot beaucoup moins grossier qu'on l'imagine.

Nycthémère

Pareil.

Nymphomane

Femme qui peut redonner le sourire à tout un village.

O

Oasis

Point d’eau dans un endroit où il n’y a point d’eau.

Obole

Petite offrande qui permettait aux plus pauvres d’aller chez le coiffeur.
(Voir la coupe obole.)

Océan

Vaste étendue de matières plastiques dans laquelle on peut encore trouver quelques poissons.

Œcuménique

Personne tolérante qui accepte toutes les sexualités.

Offenses

Paroles blessantes que les instances supérieures devraient nous pardonner comme nous devrions nous-mêmes pardonner à ceux qui nous ont offensés, sauf que dans la réalité les choses ne se passent pas du tout comme ça, car l'homme a gardé ce réflexe archaïque de mettre un gros pain dans la gueule du premier connard qui le traite de fils de pute.

Onanisme

Pratique qui consiste à faire l'amour *a cappella*.

Ophtalmologiste

Seul médecin qui travaille à l'œil.

Opinion

Avis qu'on écoute avant de dire « oh pis non ! ».

Orbite

Trou à l'œil.

Oreille

Organe de l'ouïe coupé par Vincent.

Orgasme

Point culminant de la jouissance que les ados ont hâte de partager avec quelqu'un.

Origami

Art japonais qui ne convient pas aux feuilles de peuplier.

Ornithorynque

Créature sûrement conçue avec les restes d'autres animaux.

Orphelin

Enfant qui tuerait père et mère pour avoir une famille.

Orphelinat

Établissement jamais emmerdé par les réunions de parents d'élèves.

Orthographe
Raigle et husage
qui régi la maniaire
d'écrire les maux.

Otarie
Animal qui pratique
le stand-up en
surveillant les réactions
de son public.

Oursin
Animal qui révèle en
nous nos talents de
danseur quand on
marche dessus.

P

Pack

Emballage qui réunit plusieurs bouteilles. Pour la vodka, voir le pack de Varsovie.

Paillasson

Petit tapis brosse qui lorsqu'on l'utilise nous donne des allures de chien qui vient de chier.

Palmeraie

Choix dans la datte.

Palourde

Coquillage dont la femelle évite les vannes de cul.

Panaris

Petit oiseau jaune
rempli de pus.
(Voir les îles Panaris.)

Papillon

Chenille
qui redémarre.

Paradis

Projet immobilier
n'ayant aucun
appartement témoin.

Paralytique

Pourrisseur
de ola.

Parité

Utopie féminine
que les hommes trouvent
formidable en public
et impensable en privé.

Passe-partout

Clef de petite
taille.

Pastiche
Imitation d'un apéritif anisé.

Patati patata
Babillage incessant d'un enfant qui refuse catégoriquement de revoir ses deux tantes.

Patenté
Commerçant du Marais qui reste hétéro.

Pauvre

Personne sans blé mais tout de même fauchée.

Pavé

Cube de gré qu'on prend de force.

Pavot

Arbre à cames.

Paysan

Type qui s'est surendetté pour faire du blé.

Péage

Barrière qui fait mal au cul.

Pédagogue

Soupeur.

Pédiatre

Docteur qui voit des enfants qui souffrent et des parents qui se plaignent.

Pédoncule
Mot dangereux que même les fleuristes du Marais hésitent à employer.

Pégase
Cheval flatulent.

Penseur (de Rodin)
Homme que l'on respecte pour sa capacité à réfléchir alors qu'il est juste en train de chier.

Perruquier

Artisan qui a de plus en plus de mal à s'implanter.

Pesticides

Invention géniale qui va redonner du travail aux chômeurs qui vont devoir polliniser toutes les fleurs à la place des insectes disparus.

Pet

Gaz intestinal souvent pestilentiel dont l'odeur plane au-dessus des têtes.

(Voir les pets de Damoclès.)

Pétarader
Rouler à pleins gaz, de préférence fenêtre ouverte.

Pétoncle
Coquillage qui donne des ordres vaseux à son tonton.

Pétrole
Or noir qui ruine la planète.

Pharmacienne

Grosse connasse qui éprouve un malin plaisir à gueuler très fort devant tous les clients : « Martine, une boîte de préservatifs Extra Small et une crème anti-hémorroïdes pour le monsieur ! »

Philosophe

Penseur qui ouvre sa chemise pour s'aérer l'esprit.

Phoque

Animal qui, pour survivre, doit échapper à la chasse et à l'homophobie.

Piaffer

S'impatienter après Milord.

Picard

Dialecte qui jette un froid.

Pickpocket

Mec qui travaille les mains dans les poches.

Pie

Oiseau dont le sexe mesure
3,14159265358979323846264338 3
27950288419716939937510582097
49445923078164062862089920 89
98628034825342117067982148865
13282306647093844609550582231
72535940812848111745028410270 1
93852110555964462294895493038
19644288109756659334461284756
48233786783165271201909145648
56692346034861045432664821339
36072602491412737245870066063
15588174881520920962829254091
71536436789259036001133053054
88204665213841469519415116094
33057270365759591953092186117 3
81932611793105 1…
Merci de vérifier si je n'ai pas
commis d'erreur.

Pièce montée

Gâteau qui fait ses choux gras de voir les couples divorcer.

Pied-noir

Français qui évite les pédiluves.

Pinailleur

Mari volage qui encule les mouches.

Pingouin

Oiseau pas manchot qui travaille au black comme garçon de café.

Pinson

Oiseau gay.

Pipe

« Si ceci n'est pas une pipe,
qui a joui dans ma bouche ? »
Georgette Magritte.

Pirate

Bandit qui a troqué son bateau contre une souris.

Pisse

Pluriel de pain.

Ex : un pain des pisses.

Pistachier

Arbre jamais planté dans les stations de ski.

Piston

Petit coup de pouce de quelqu'un qui vous a déjà mis un gros coup de bite.

Pivoter

Tourner autour d'un axe avant de se diriger vers l'isoloir.

Plagiste

Mec qui empile les matelas et les boudins.

Plaid

Couverture d'avocat.

Plain-pied

Maison de cul-de-jatte.

Plasticien

Sculpteur corse.

Platonique

Philosophe priapique.

Pléonasme

Phrase redondante qui ressasse et rabâche ce qui vient d'être énoncé en répétant des mots dont le sens est identique, ce qui donne une surabondance de termes qui s'empilent inutilement pour exprimer la même idée et dont les redites n'apportent plus rien au sens premier.

Ex : phrase normale :
« J'ai fait caca. »
phrase pléonasmique :
« En faisant la grosse commission, j'ai chié de la merde avec mon cul par mon trou de balle et de la crotte est sortie de mes fesses pleines d'excréments. »

Plinthe

Bande de bois sur laquelle on peut glisser une main courante.

Plouf

Bruit synonyme de bonheur pour les constipés.

Plutôt

De préférence à.

Ex : Regardez plutôt ce chien.

Podologue

Médecin qui n'a pas le temps de prendre son pied.

Poète

Artiste souvent maudit dont la vie ne rime à rien.

Poinçon

Petit outil très fiable toute l'année sauf en avril.

Point

Mot qui rythme la vie d'un couple, car un couple au point mort est un couple mal en point qui est sur le point de divorcer.

Une mise au point est donc indispensable pour éviter le point de non-retour et pour retrouver un point d'ancrage qui éviterait le point final. Un point, c'est tout.

Poisson
Animal chargé
de métaux lourds
à qui il faudra bientôt
retirer un *s*.

Poissonnier
Homme à qui le
devoir conjugal
rappelle le boulot.

Poker
Jeu vulgaire où
il faut des couilles
et de la chatte.

Pole dance

Danse où la fille donne la barre au mec.

Politesse

Convention sociale qui consiste à ne pas répondre « Va bien te faire enculer connard » à quelqu'un qui demande son chemin.

Polygame

Homme qui multiplie les raisons de ne pas rentrer chez lui le soir.

Poncer

Activité préférée de Descartes : « Je ponce donc je suis. »

Pont-levis

Pont mobile qui ne laisse passer que les personnes d'obédience judaïque.

Pop art

Courant artistique qui met la soupe au prix du caviar.

Pop-corn

Grain de maïs qui s'éclate avant le film.

Porcherie

Bâtiment dédié à l'élevage des porcs et des ados.

Porte-parole

Personne qui assume haut et fort la connerie de tout un groupe.

Potable

Se dit souvent d'une femme imbuvable.

Potasser

Réviser au point de perdre ses amis.

Pot-au-feu

Plat inventé en 14-18 à partir de viande d'amis morts au combat.

Potomane

Boit-sans-soif.

Poudreuse

Neige blanche qui promet
de belles descentes
et des montées très speed.

Pouffer

Réprimer un rire méchant à la vue d'une fille disgracieuse.

Poux

« L'avantage des poux par rapport aux bonnes notes, c'est que même les cancres peuvent en ramener de l'école. »
Jules Ferry

Préliminaires

Bienséance du cul.
« L'étiquette veut que les préliminaires ne soient ni trop longs ni trop courts car ce qui importe en amour c'est de trouver le juste milieu. »
Nadine de Rothschild

Prématuré

Enfant trop couvé dès le départ.

Prépuce
Petit stand souvent tenu par un gland juste avant les puces.

Préservatif
Capote pour éjaculateur précoce.

Prêtre
Homme d'Église qui fait des choses pas très catholiques avec les enfants.

Priorité
Primauté adroite.

Proctologue

Type qui a l'outrecuidance de vous demander 120 € pour vous mettre un doigt dans le cul alors que, franchement, si on cherche un peu on peut trouver des personnes beaucoup moins chères pour la même prestation et qui vous font des bisous en plus.

Prolo

Petit malin qui arrive à glisser bistro entre métro, boulot et dodo.

Proverbe

Dicton populaire qui ne se vérifie pas toujours.

Ex : L'ennui porte conseil.

Un petit séchoir vaut mieux qu'un gant chez les autres.

On n'est jamais mieux sucé que par soi-même.

Psyché

Glace que l'on peut renverser sans s'en foutre partout.

Psychiatre

Marteau qui soigne les frappés.

Puffin

Oiseau palmipède pas facile à nourrir.

Pustule

Dieu des boutons dans la mythologie grecque.
Fils de Herpès et de Persée.

Putative

Prostituée qui bâcle son travail.

Puzzle

Preuve que malgré la brièveté de la vie, il y a des gens qui se font chier au point de passer des mois à reconstituer un tableau d'Auguste Renoir alors qu'ils pourraient l'avoir directement en achetant le poster.

Pyramidale

Système qui permet de voir ce qu'il y a de plus laid au fond de la gorge.

Q

Quadra

Homme qui profite d'être
à mi-parcours de sa vie
pour tromper sa moitié.

Quadrijumeaux

Muscles activés
par huit personnes.

Question

Torture au Moyen Âge
et à l'oral du bac.

Quête

Collecte pour les cloches qui sont dignes d'un don.

Quinoa

Réaction d'un jeune à qui on explique qu'un chanteur français a gagné Roland-Garros en 1983.

Quinquennat

Période de cinq ans pendant laquelle le président de la République explique que s'il ne peut pas redresser la France, c'est la faute de son prédécesseur.

Quiproquo

Pataquès théâtral qui permet aux filles de rue d'emprunter les boulevards.

Quolibet

Paquet qui se fait railler par les autres car il n'est pas prioritaire.
(Voir colis A.)

Quota

Mot qui en impose.

R

Rabiboché

Rabbin qui réconcilie
les couples.

Radiologue

Toubib qui en connaît
un rayon.

Ragot

French cancan.

Rapporteur

Outil de géométrie auquel on
ne peut pas faire confiance.

Ras-du-cou

Pull qui à une lettre près ne sentait plus du tout pareil.

Rat

Habitant des égouts qui inspire le dégoût.

RATP

Enlèvement en métro.

Réalité
Dure exactitude de la vie que l'on peut heureusement fuir grâce à l'alcool, la drogue, les tranquillisants, les religions, voire même les quatre à la fois.

Rechigner
Contrat portugais qu'on doit signer deux fois.

Reinette
Petite grenouille au cul toujours propre.

Relieur

Seule personne qui relie avant de lire.

Religions

Supermarché de l'éternité.

Repassage

Sale gosse récidiviste.

Requin

Poisson violent.

Rétais

Personne à bicyclette rarement observée sans cachemire sur les épaules.

Retraite

Sortie de la vie active avant celle de la vie tout court.

Retraité

Personne âgée qui aurait un pouvoir d'achat bien supérieur si elle perdait cette fâcheuse habitude de faire trois repas par jour.

Revenus

Ce qui part le plus vite.

Révérence

Dernier truc que l'on tire avant de casser sa pipe.

Revers

Truc qu'on essuie quand on se frotte à la vie.

Révolté

Gourmand qui en a plein le cul de se taper toujours les mêmes sucreries. (Voir les révoltés du Bounty.)

Révolutionnaire

Contestataire qui en a ras le béret.

Rhum

Alcool obtenu par Jésus à partir d'eau pendant les noces de Cana sucre.

Rideaux

Premier truc qu'on tire avant de baiser.

Rince-doigts

Bol d'eau citronnée indispensable dans les dîners et les partouzes.

Risoire

Pluriel de salaire.

Ex : un salaire des risoirs.

Robot

Machine complexe qui prendra le pouvoir un jour pour dominer la planète mais qui en attendant nous sert à monter des œufs en neige.

Rodéo

Jeu sexuel qui consiste à avouer à sa femme pendant la pénétration qu'on a une maîtresse.

Roi

Monarque qui se fait tirer tous les 6 janvier.

Rondelle

Sorte de cercle mais en plus vicieux.

Ronflement

Tue l'amour encore plus fort quand il est associé à des flatulences.

Ronron

Cri de satisfaction du yéyé qui le précède de Dadou.

Rose

Fleur à ne pas offrir en chiffres pairs afin de ne pas commettre d'impair.

Rosé

Vin du matin.

Roucouler

Comportement tendre des amoureux, à ne surtout pas confondre avec la mise en garde du Portugais qui gare sa caravane : « Attenchion, ché vais roucouler ! »

Rougeole

Maladie qui, contractée en même temps que la jaunisse, permet d'obtenir un abonnement gratuit chez Orange.

Roumain
Homme
de la manche.

Routard
Jeune aux cheveux longs et à l'hygiène douteuse qui voyage gratos partout dans le monde en tendant le pouce et qui ensuite se fait des couilles en or en écrivant des guides.

Royaliste

Personne qui attend désespérément le retour de la monarchie en fumant des pétards. (D'après une étude réalisée par l'auteur sur un échantillon de une personne.)

Rustine

Petite rondelle indispensable pour les hommes qui s'attachent à leur poupée gonflable.

Rut

Période d'activité sexuelle dans l'île de Baga.
(Voir le rut à Baga.)

S

Sabotage

Mot beaucoup plus drôle quand on le crie avec l'accent allemand.

Saké

Alcool pour personnes licenciées.

Sapin

Conifère dont l'odeur rappelle la fin de l'année et la fin de la vie.

Sashimi

Plat japonais à ne surtout pas confondre avec le sashimou.

Satyre

Faune qui déflore.

Saute-moutons

Jeu que les naturistes couverts d'huile solaire ne pratiquent pas sans prendre un certain risque.

Scélérat

Bandit qui accuse les rongeurs.

Scierie

Usine où l'on radicalise le bois.

Séborrhée

Sécrétion exagérée de sébum qui fait dire aux ados boutonneux du Nord : « Merde, la fille elle séborrhée ! »

Sèche

Mollusque dont la femelle ne mouille jamais.

Séchoir

Objet que l'on jette quand on laisse tomber sa partenaire.
Ex : « Salaud, pourquoi tu m'as laissée choir ? »

Secousses

Petits mouvements saccadés que les éjaculateurs précoces mettent rarement au pluriel.

Secret

Chose qui, comme mon sexe, passe de bouche en bouche et qui peut prendre des proportions énormes.

Semi-rigide

Bateau coordonné à ma bite.

Sérendipité

Découverte et invention liées au hasard.

Ex : Christophe Colomb cherchait la route des Indes, il se perd et trouve l'Amérique.

Alexander Flemming a de la moisissure sur la bite, il invente la pénicilline.

Benoît Martin se caresse dans sa chambre à l'âge de 15 ans, sa mère le surprend au pire moment, ils inventent l'éjac' faciale.

Setter

Chien ponctuel.

Sexto

Texto très hot qui peut faire des ravages si on se trompe de destinataire.

Exemples de sextos authentiques envoyés par des potes :

« J'ai encore le goût de ta chatte dans ma bouche » **(envoyé à sa mère)**.

« J'ai envie de te faire jouir trois fois de suite » **(envoyé à sa fille)**.

« Si tu continues à me baiser comme ça, je vais quitter ma femme plus vite que prévu » **(envoyé à sa femme)**.

Sikhisme

Religion indienne pourrie par le dopage.

Silence

« En matière de pédophilie, le silence est une vertu cardinale. »
Monseigneur Barbarin

Singe

Proche cousin qu'on emmène au zoo.

Sinistre

Mot qui désigne un désastre naturel et la gueule de l'assureur qui doit rembourser.

Sirocco

Vent aussi chaud que six hardeurs.

Sitar

Instrument indien utilisé pour les tapages nocturnes.

Slip

Premier témoin de l'accident.

Slow

Machine à pelles.

Sodomie

Objectif lune.

Soigneur (animalier)

Employé d'un zoo souvent responsable d'inondations. (Voir des gars des zoos.)

Soixantaine

Dernière part
de quatre-quarts.

Soleil

Il y a trois choses
que l'homme ne
peut pas regarder
en face, le soleil, la
mort, et le visage
de celui ou celle
qu'il sodomise.

Soliloque

Discours de quelqu'un qui se parle à lui-même la plupart du temps pour se dire des choses sans aucun intérêt et sans queue ni tête. Si ce radotage est courant chez les personnes âgées, heureusement il épargne les écrivains qui n'auraient aucun intérêt à coucher sur le papier leurs divagations qui feraient fuir les lecteurs qui recherchent avant tout une écriture concise et stylée au service d'un récit ou d'un propos et non pas une bouillasse informe sorte de logorrhée littéraire n'ayant pour seul objectif que de remplir la page 234 et non pas de développer une intrigue ou une réflexion propre à divertir ou à faire réfléchir la personne qui a dépensé 15,90 euros dans cet ouvrage et qui est en droit d'attendre pour ce prix autre chose qu'un délire redondant autour d'une pseudo-définition à rallonge, alors que le contrat de départ était d'offrir des définitions courtes, drôles et bien senties. Résultat de ce gâchis, l'auteur aura beau écrire à l'avenir tous les livres qui lui passeront par la tête, il n'en vendra plus aucun car l'ancien fan qui avait acheté en confiance ce *Dico 2* gardera à jamais le souvenir cuisant de la définition du mot soliloque et, quand il passera devant la librairie où les nouveaux ouvrages de l'auteur seront exposés, il crachera sur la vitrine en gueulant : « Va bien te faire enculer fils de pute, tu m'as baisé une fois mais tu m'auras pas deux ! »

Solives

Pièces de charpente vertes ou noires qu'on peut fourrer avec des anchois.

Soupir

Truc qu'on pousse quand on tire.

Sourd

Comment ?

Sous-préfète

Femme qui aspire à sucer directement le préfet plutôt que son sbire.

Sport
Activité physique qui, comme la sexualité, peut être pratiquée avec un objet, un ami ou un cheval.

Star
Mot galvaudé qui désigne à la fois les mythes de Hollywood et les putes de la téléréalité.

Stylo
Arme de pointe.

Sucre
Petite douceur qui devient acide quand on la casse sur le dos de quelqu'un.

Sudoku
Jeu feng shui.

Suivant
Abruti planté derrière
le connard qui le précède
et le crétin qui le suit.

Suppositoire
Médicament qui ne laisse pas
un sale goût dans la bouche.

Surdité
Feuilles mortes.

Surdoué
Enfant souvent abusé
sexuellement par ses camarades
de classe qui ont huit ans de
plus que lui.

Surfeur

Beau mec au bout du rouleau.

Surtout

Mot très important qu'on néglige trop souvent.

Ex : « Voilà le jardin, Ève je te présente Adam, vous pouvez vivre à poil, baiser à couilles rabattues, faire tout ce que vous voulez, mais surtout, surtout, défense de toucher aux pommes !!! »

Syphilis

MST qui a tué
Toulouse-Lautrec,
Charles Baudelaire,
Alphonse Daudet,
Georges Feydeau,
Guy de Maupassant
et qui a épargné
mon connard
de beau-frère.

T

Tailleur

Artisan jamais là.

Ex : « Mon mari est tailleur. »

Talon

Faiblesse d'Achille et point fort de Louboutin.

Tapisser

Recouvrir de honte une personne âgée en l'accusant d'incontinence.

Tatouage

Chose à laquelle il faut bien réfléchir avant de se lancer, à moins de ne baiser que des filles qui portent le même prénom.

Télé

Appareil à l'écran plat et au contenu creux.

Télékinésie

Pouvoir de faire bouger les choses par la pensée.
Ex : « Quand je pense à Fernande, je bande ! »

Témoin

Personne qui est à charge dans les procès et à décharge dans les pornos.

Temps

Enfant le temps s'étire, adulte le temps se tire.

Téphrite

Roche volcanique souvent convoitée par son voisin de table.

Ex : « Tu finis pas téphrite ? »

Terre

Planète qui aura jadis été habitée par l'homme.

Terroir

Mot magique qui autorise à manger gras et à picoler quitte à faire exploser son cholestérol et ses gamma-GT.

Testament

Papier qui déchire.

TGV

Train où le prix du sandwich est indexé sur la vitesse.

Thalassothérapie
Endroit où l'on s'allonge pour faire des bains de boue.

Théologie
Discipline que les vieux Anglais pratiquent tous les jours *at five o'clock*.

Tiaré
Fleur de Polynésie au parfum enchanteur mais au nom répulsif.

Ticket
Chose indispensable pour monter dans un bus ou rentrer dans une fille.

Timide

Personne qui manque d'audace
et qui n'osera jamais dans une soirée
prendre la main d'une jolie fille
pour l'inviter à danser un slow afin
de l'embrasser fougueusement avant
de l'entraîner dans les toilettes pour
la déglinguer frénétiquement en lui
claquant le cul tel un cow-boy
en plein rodéo.
Du coup, il rentrera chez lui frustré,
avec une furieuse envie de se masturber,
mais là encore sa timidité l'empêchera
de tendre la main vers sa bite afin de
l'enserrer pour lui faire faire des
va-et-vient de plus en plus rapides qui lui
permettraient d'évacuer pour
un temps sa tension sexuelle.
Finalement il ira chez un armurier
où il achètera un pistolet automatique
avant d'entrer dans un fast-food pour
tirer sur des femmes au hasard, laissant
derrière lui quatorze
victimes au sol.

Tirailleur

Soldat infidèle.

Tirelire

Écureuil déguisé en cochon.

Tirer

Action qui marque les périodes de la vie.

L'ado se tire sur l'élastique.

L'homme tire des gonzesses.

Le retraité tire une caravane.

Le vieillard tire sa révérence.

Toilettes

Endroit où les hommes pissent en lâchant des caisses pendant que les femmes se refont une beauté.

Tortue

Animal qui accepte de tenir compagnie aux homosexuels à la condition exclusive d'être accompagné de deux canaris et d'une chatte.

Toussaint

Fête des Morts pendant laquelle des gens se tuent sur la route.

Toux

Irritation de la gorge qui permet à n'importe quel joueur de poker d'avoir une quinte.

Tragédien

Acteur qui monte sur les planches pour en faire des caisses.

Train

Pluriel de doute : un doute mes trains.

Singulier de rail : un train des rails.

Traînée

Femme débauchée qui laisse une trace dans le ciel quand elle s'envoie en l'air.

Trapéziste

Artiste de cirque qui frôle la mort et qui s'en balance.

Travail

Boulot qui fait tâche.

Trémolo

Tremblement dans la voix des hommes qui avouent leur impuissance.

Ex : « C'est vrai, Jeannine, aujourd'hui je suis trémolo. »

Trimaran

Voilier qui fait des blagues pendant la traversée.

Triolisme

Relation sexuelle impraticable à Sète.

Trou

Endroit d'où l'on vient et où on finira.

Troussage

Orifice raisonnable.

Trouvère

Baladin qui a mangé des épinards.

Truelle

Outil de maçon qui symbolise la dureté de l'existence.

Ex : « La vie est truelle. »

Roberto da Silva

Truffe

Organe dont le chien se sert pour en trouver d'autres.

Truie

Grosse cochonne qui n'a aucune envie de balancer son porc.

Trust

Firme antisociale qui perd son sang-froid.

Tu

Consolе de je.

Tuba

Instrument qui a la palme dans un orchestre.

Tunique
Proposition vareuse.

Turbo
Poisson pas facile à attraper.

Turbulences
Vents violents qui peuvent nous faire passer d'athée à croyant en quelques secondes.

Turlupiner

Tracasser son partenaire sexuel en voulant faire deux choses à la fois.

Tutu

Trophée du dératiseur.

Tyran

Surnom que me donnent ma femme et mes enfants sous prétexte que je les enferme à la cave quand je pars en week-end.

U

Ultimatum

Injonction pressante censée faire céder la partie adverse.
Ex : « Papa, je te préviens, si tu ne te retires pas immédiatement je vais le dire à maman ! »

Unicellulaire

Prisonnier qu'on ne déplace jamais.

Uniforme

Vêtement qui permet d'identifier les cons.

Unijambiste

Personne qui en cas de panique prend sa jambe à son cou.

Urgences

Service hospitalier où il ne faut pas être pressé.

Urètre

Canal qui part de la vessie et qui aurait été relié au canal lacrymal si on en croit les personnes qui affirment « chiale, tu pisseras moins ! ».

V

Vainqueur

Personne souvent chanceuse qui peut faire penser que le vainqueur a du cul et que le vaincu a du cœur.

Vampire

Revenant très incisif.

Vaseline

Condiment pour tournedos.

Velcro

Invention découverte
par hasard par un moustachu
qui faisait un 69.

Vendangeuse

Femme qui lâche la grappe
de son mari pendant le travail.

Vent

Déplacement d'air qui gonfle
les voiles et salit les slips.

Ventriloque

Artiste de cabaret
qui a le bras qui
sent la merde.

Ver

Animal qui vous tient bizarrement compagnie quand il est solitaire.

Verger

Terrain sur lequel poussent des verges. À ne pas confondre avec le vaginier qui est juste un terrain plein de trous.

Vergetures

Confirmation qu'une mère a ses enfants dans la peau.

Verlan

Gagelan chanmé qui vénère ma reum et qui fait ièch mon reup, les keufs ripoux et les tepus tebés qui fuseré de ken avec des cailleras chelous contre de la beuh qu'on peut méfu sur de la zicmu qui chirdé.

Vertige

Peur en haut de l'échelle des phobies.

Verveine

Plante qui bizarrement n'a jamais intéressé les narcotrafiquants.

Veste

Vêtement que l'on peut tailler à celui qui la retourne.

Vétéran (du Vietnam)

Ancien soldat qu'il vaut mieux ne pas faire chier quand il veut juste traverser un pont.
(Voir Rambo.)

Véto

Médecin pour animaux qu'on peut jeter violemment pour s'opposer à une loi.

Veuve

Femme fatale.

Vexer

Blesser quelqu'un dans son amour-propre.

Ex :

LUI : « Docteur, vous pensez que je devrais me faire refaire le nez ? »
LE DOCTEUR : « Franchement, à votre place, j'irais plutôt aux truffes. »

LUI : « Mon amour, ça ne te gêne vraiment pas que j'aie un tout petit pénis ? »
ELLE : « Mais non, t'inquiète, c'est marrant de baiser avec une loupe ! »

ELLE : « Chéri, tu ne trouves pas que ce jean me fait un gros cul ? »
LUI : « C'est pas le jean qui te fait un gros cul, c'est le Nutella, connasse ! »

Vibreur

Mode idéal pour recevoir un sexto.

Vibromonfrère

Sex-toy pour hommes.

Videur

Gros con qui est ravi qu'on le mette à la porte.

Vieillesse

Dérive des incontinents.

Vinyle

Madeleine de Proust de l'oreille.

Virgule

Petit signe de ponctuation qui peut totalement changer le sens d'une phrase si on la place mal.

Ex : « En Alaska, Martine suce un esquimo au café. »

« En Alaska Martine suce un esquimau, au café. »

Vis
Clou qui a bien tourné.

Visage
Terre à rides.

Vis-à-vis
Disposition d'immeubles qui permet au voisin d'en face de nous montrer sa bite quand on est à table.

Vison
Petit mammifère dont le plus gros prédateur est la pute.

Vivier
Équivalent des vitrines d'Amsterdam pour les homards.

Vocalises
Esquisses de chant bien meilleures sous la torture.

Voiturier
Petit malin qui peut conduire des voitures de luxe grâce à une simple casquette.

Voltaire
Fauteuil pour candides.

Volume
Bouton qui incite les voisins à appeler les flics.

Vouloir
Verbe responsable de nombreuses déceptions quand il est confronté au verbe pouvoir.

Voyage

Envie de partir dont la durée est déterminée par l'envie de revenir.

Voyants

Professionnels de la divination séparés en deux catégories : les bons et ceux qui ont un judas sur leur porte.

Voyeur

Vicieux qui fait un trou pour en regarder un autre.

W X Y

Wallon

Dialecte belge haut en couleur à ne pas confondre avec le flamand.

Flamand → rose

Wallon → rouge

Whippet

Chien à qui on passe tout.

Wi-Fi

Réseau sans fil qui permet de voir des petites chattes grâce à des mégabits.

Wikipédia

Encyclopédie du Net qui permet à n'importe quel connard de se prétendre journaliste.

Williams

Bonne poire.

Wok

Poêle profonde qui permet de cuisiner à l'envers. (Voir le moon wok.)

Xénophile

Personne qui manifeste de la sympathie pour les xénophobes étrangers.

Xérès

Vin qui fait chanter car il a le label de Cadix.

Yack

Ruminant de plaisance.

Yaourtière

Machine qu'on a tous achetée pour ne s'en servir qu'une fois et qui encombre notre placard depuis bientôt dix ans, mais que bizarrement on ne peut pas se résoudre à jeter car on se persuade inconsciemment qu'un beau jour on la ressortira pour refaire une nouvelle fournée de yaourts avant de la remiser à nouveau pour des siècles et des siècles. Amen.

Yéti

Montagnard très laid avec une grosse pelle. (Voir l'abominable homme déneige.)

Yorkshire

Chien de combat pour les personnes de petite taille.

Yourte

Tente de Mongols
à la taille fine.

Youyous

Cris qui percent les tympans des filles qui vont se faire percer l'hymen.

Yoyo

Jouet bipolaire
qui a des hauts et des bas.

Z

Zadiste
Propriétaire contesté d'une cabane en palettes.

Zaïrois
Africain ayant inspiré un célèbre chant révolutionnaire français : « Ah Zaïrois, Zaïrois, les aristocrates à la lanterne ! »

Zambiens
Africains au comportement irréprochable.

Zèbre

Petit cheval glandeur
qui passe la journée à traîner
en pyjama.

Zénitude

État de décontraction
qui permet de garder
le sourire pendant un examen
de la prostate.

Zeugma

Raccourci syntaxique.
Ex : « Ce matin, j'ai enfilé
mon manteau et ma voisine
qui suçait une pastille
et ma teub. »

Zibeline

Petit mustélidé témoin de pas mal d'erreurs judiciaires.

Zigouiller

Manière rigolote d'égorger quelqu'un.

Zoute

Pubis presque imberbe.

Ex : « J'ai qu'un poil à ma zoute ! »

Achevé d'imprimer en octobre 2019
par Normandie Roto Impression s.a.s. (61)
pour le compte des éditions KERO
21, rue du Montparnasse 75006 Paris

PAPIER À BASE DE
FIBRES CERTIFIÉES

KERO s'engage pour
l'environnement en réduisant
l'empreinte carbone de ses livres.
Celle de cet exemplaire est de :
800 g éq. CO_2
Rendez-vous sur
www.kero-durable.fr

N° d'éditeur : 01
N° d'impression : 1904107
Dépôt légal : octobre 2019
Imprimé en France